REGISTRE DES ACCIDENTS dU TRAVAIL BÉNINS

Conforme aux articles L.441-4 et D.441-1 à D.441-4 du code de la sécurité sociale.

Raison Sociale : ....

Établissement : ....

N° Siren : ....

👤 _____

📞 _____

✉ _____

📍 _____

✏ _____

Date d'ouverture du registre : ....

Date de clôture du registre : ....

Tenue à jour obligatoire

Liste des donneurs de soins :

	1	2	3	4	5
Nom					
Signature					

Contrôles du présent registre :

Nom et Prénom des personnes contrôlant	Fonction	Organisme	Date	Signature	Observations

Numéro d'ORDRE	DATE ACCIDENT - ENREGISTREMENT	NOM et PRÉNOM de la VICTIME	Lieu de l'ACCIDENT (et circonstances détaillées)	NATURE et SIÈGES des LÉSIONS
	accident ……../……../…….. enregistrement ……../……../……..			
	accident ……../……../…….. enregistrement ……../……../……..			
	accident ……../……../…….. enregistrement ……../……../……..			
	accident ……../……../…….. enregistrement ……../……../……..			
	accident ……../……../…….. enregistrement ……../……../……..			
	accident ……../……../…….. enregistrement ……../……../……..			
	accident ……../……../…….. enregistrement ……../……../……..			
	accident ……../……../…….. enregistrement ……../……../……..			
	accident ……../……../…….. enregistrement ……../……../……..			

NOMS des TÉMOINS	SIGNATURE du DONNEUR DE SOINS	SIGNATURE DE LA VICTIME	OBSERVATIONS	DATE de l'ARRÊT de TRAVAIL (le cas échéant)
				du ..../......./........ au ..../......./........
				du ..../......./........ au ..../......./........
				du ..../......./........ au ..../......./........
				du ..../......./........ au ..../......./........
				du ..../......./........ au ..../......./........
				du ..../......./........ au ..../......./........
				du ..../......./........ au ..../......./........
				du ..../......./........ au ..../......./........
				du ..../......./........ au ..../......./........

Numéro d'ORDRE	DATE ACCIDENT - ENREGISTREMENT	NOM et PRÉNOM de la VICTIME	Lieu de l'ACCIDENT (et circonstances détaillées)	NATURE et SIÈGES des LÉSIONS
	accident ……/……/…… enregistrement ……/……/……			
	accident ……/……/…… enregistrement ……/……/……			
	accident ……/……/…… enregistrement ……/……/……			
	accident ……/……/…… enregistrement ……/……/……			
	accident ……/……/…… enregistrement ……/……/……			
	accident ……/……/…… enregistrement ……/……/……			
	accident ……/……/…… enregistrement ……/……/……			
	accident ……/……/…… enregistrement ……/……/……			
	accident ……/……/…… enregistrement ……/……/……			

NOMS des TÉMOINS	SIGNATURE du DONNEUR DE SOINS	SIGNATURE DE LA VICTIME	OBSERVATIONS	DATE de l'ARRÊT de TRAVAIL (le cas échéant)
				du ..../......../........ au ..../......../........
				du ..../......../........ au ..../......../........
				du ..../......../........ au ..../......../........
				du ..../......../........ au ..../......../........
				du ..../......../........ au ..../......../........
				du ..../......../........ au ..../......../........
				du ..../......../........ au ..../......../........
				du ..../......../........ au ..../......../........
				du ..../......../........ au ..../......../........

Numéro d'ORDRE	DATE ACCIDENT - ENREGISTREMENT	NOM et PRÉNOM de la VICTIME	Lieu de l'ACCIDENT (et circonstances détaillées)	NATURE et SIÈGES des LÉSIONS
	accident ……/……/…… enregistrement ……/……/……			
	accident ……/……/…… enregistrement ……/……/……			
	accident ……/……/…… enregistrement ……/……/……			
	accident ……/……/…… enregistrement ……/……/……			
	accident ……/……/…… enregistrement ……/……/……			
	accident ……/……/…… enregistrement ……/……/……			
	accident ……/……/…… enregistrement ……/……/……			
	accident ……/……/…… enregistrement ……/……/……			
	accident ……/……/…… enregistrement ……/……/……			

NOMS des TÉMOINS	SIGNATURE du DONNEUR DE SOINS	SIGNATURE DE LA VICTIME	OBSERVATIONS	DATE de l'ARRÊT de TRAVAIL (le cas échéant)
				du ……/……/…… au ……/……/……
				du ……/……/…… au ……/……/……
				du ……/……/…… au ……/……/……
				du ……/……/…… au ……/……/……
				du ……/……/…… au ……/……/……
				du ……/……/…… au ……/……/……
				du ……/……/…… au ……/……/……
				du ……/……/…… au ……/……/……
				du ……/……/…… au ……/……/……
NOMS des TÉMOINS	SIGNATURE du DONNEUR DE SOINS	SIGNATURE DE LA VICTIME	OBSERVATIONS	DATE de l'ARRÊT de TRAVAIL (le cas échéant)

Numéro d'ORDRE	DATE ACCIDENT - ENREGISTREMENT	NOM et PRÉNOM de la VICTIME	Lieu de l'ACCIDENT (et circonstances détaillées)	NATURE et SIÈGES des LÉSIONS
	accident ..../......../........ enregistrement ..../......../........			
	accident ..../......../........ enregistrement ..../......../........			
	accident ..../......../........ enregistrement ..../......../........			
	accident ..../......../........ enregistrement ..../......../........			
	accident ..../......../........ enregistrement ..../......../........			
	accident ..../......../........ enregistrement ..../......../........			
	accident ..../......../........ enregistrement ..../......../........			
	accident ..../......../........ enregistrement ..../......../........			
	accident ..../......../........ enregistrement ..../......../........			

NOMS des TÉMOINS	SIGNATURE du DONNEUR DE SOINS	SIGNATURE DE LA VICTIME	OBSERVATIONS	DATE de l'ARRÊT de TRAVAIL (le cas échéant)
				du ……../……../…….. au ……../……../……..
				du ……../……../…….. au ……../……../……..
				du ……../……../…….. au ……../……../……..
				du ……../……../…….. au ……../……../……..
				du ……../……../…….. au ……../……../……..
				du ……../……../…….. au ……../……../……..
				du ……../……../…….. au ……../……../……..
				du ……../……../…….. au ……../……../……..
				du ……../……../…….. au ……../……../……..

Numéro d'ORDRE	DATE ACCIDENT - ENREGISTREMENT	NOM et PRÉNOM de la VICTIME	Lieu de l'ACCIDENT (et circonstances détaillées)	NATURE et SIÈGES des LÉSIONS
	accident ..../......./....... enregistrement ..../......./.......			
	accident ..../......./....... enregistrement ..../......./.......			
	accident ..../......./....... enregistrement ..../......./.......			
	accident ..../......./....... enregistrement ..../......./.......			
	accident ..../......./....... enregistrement ..../......./.......			
	accident ..../......./....... enregistrement ..../......./.......			
	accident ..../......./....... enregistrement ..../......./.......			
	accident ..../......./....... enregistrement ..../......./.......			
	accident ..../......./....... enregistrement ..../......./.......			

NOMS des TÉMOINS	SIGNATURE du DONNEUR DE SOINS	SIGNATURE DE LA VICTIME	OBSERVATIONS	DATE de l'ARRÊT de TRAVAIL (le cas échéant)
				du ..../......../........ au ..../......../........
				du ..../......../........ au ..../......../........
				du ..../......../........ au ..../......../........
				du ..../......../........ au ..../......../........
				du ..../......../........ au ..../......../........
				du ..../......../........ au ..../......../........
				du ..../......../........ au ..../......../........
				du ..../......../........ au ..../......../........
				du ..../......../........ au ..../......../........

Numéro d'ORDRE	DATE ACCIDENT - ENREGISTREMENT	NOM et PRÉNOM de la VICTIME	Lieu de l'ACCIDENT (et circonstances détaillées)	NATURE et SIÈGES des LÉSIONS
	accident ……./……./……. enregistrement ……./……./…….			
	accident ……./……./……. enregistrement ……./……./…….			
	accident ……./……./……. enregistrement ……./……./…….			
	accident ……./……./……. enregistrement ……./……./…….			
	accident ……./……./……. enregistrement ……./……./…….			
	accident ……./……./……. enregistrement ……./……./…….			
	accident ……./……./……. enregistrement ……./……./…….			
	accident ……./……./……. enregistrement ……./……./…….			
	accident ……./……./……. enregistrement ……./……./…….			

NOMS des TÉMOINS	SIGNATURE du DONNEUR DE SOINS	SIGNATURE DE LA VICTIME	OBSERVATIONS	DATE de l'ARRÊT de TRAVAIL (le cas échéant)
				du ……../……../…….. au ……../……../……..
				du ……../……../…….. au ……../……../……..
				du ……../……../…….. au ……../……../……..
				du ……../……../…….. au ……../……../……..
				du ……../……../…….. au ……../……../……..
				du ……../……../…….. au ……../……../……..
				du ……../……../…….. au ……../……../……..
				du ……../……../…….. au ……../……../……..
				du ……../……../…….. au ……../……../……..

Numéro d'ORDRE	DATE ACCIDENT - ENREGISTREMENT	NOM et PRÉNOM de la VICTIME	Lieu de l'ACCIDENT (et circonstances détaillées)	NATURE et SIÈGES des LÉSIONS
	accident ..../........./........ enregistrement ..../........./........			
	accident ..../........./........ enregistrement ..../........./........			
	accident ..../........./........ enregistrement ..../........./........			
	accident ..../........./........ enregistrement ..../........./........			
	accident ..../........./........ enregistrement ..../........./........			
	accident ..../........./........ enregistrement ..../........./........			
	accident ..../........./........ enregistrement ..../........./........			
	accident ..../........./........ enregistrement ..../........./........			
	accident ..../........./........ enregistrement ..../........./........			

NOMS des TÉMOINS	SIGNATURE du DONNEUR DE SOINS	SIGNATURE DE LA VICTIME	OBSERVATIONS	DATE de l'ARRÊT de TRAVAIL (le cas échéant)
				du ..../......../........ au ..../......../........
				du ..../......../........ au ..../......../........
				du ..../......../........ au ..../......../........
				du ..../......../........ au ..../......../........
				du ..../......../........ au ..../......../........
				du ..../......../........ au ..../......../........
				du ..../......../........ au ..../......../........
				du ..../......../........ au ..../......../........
				du ..../......../........ au ..../......../........

Numéro d'ORDRE	DATE ACCIDENT - ENREGISTREMENT	NOM et PRÉNOM de la VICTIME	Lieu de l'ACCIDENT (et circonstances détaillées)	NATURE et SIÈGES des LÉSIONS
	accident ..../......./....... enregistrement ..../......./.......			
	accident ..../......./....... enregistrement ..../......./.......			
	accident ..../......./....... enregistrement ..../......./.......			
	accident ..../......./....... enregistrement ..../......./.......			
	accident ..../......./....... enregistrement ..../......./.......			
	accident ..../......./....... enregistrement ..../......./.......			
	accident ..../......./....... enregistrement ..../......./.......			
	accident ..../......./....... enregistrement ..../......./.......			
	accident ..../......./....... enregistrement ..../......./.......			

NOMS des TÉMOINS	SIGNATURE du DONNEUR DE SOINS	SIGNATURE DE LA VICTIME	OBSERVATIONS	DATE de l'ARRÊT de TRAVAIL (le cas échéant)
				du ..../......../........ au ..../......../........
				du ..../......../........ au ..../......../........
				du ..../......../........ au ..../......../........
				du ..../......../........ au ..../......../........
				du ..../......../........ au ..../......../........
				du ..../......../........ au ..../......../........
				du ..../......../........ au ..../......../........
				du ..../......../........ au ..../......../........
				du ..../......../........ au ..../......../........

Numéro d'ORDRE	DATE ACCIDENT - ENREGISTREMENT	NOM et PRÉNOM de la VICTIME	Lieu de l'ACCIDENT (et circonstances détaillées)	NATURE et SIÈGES des LÉSIONS
	accident ……./……./……. enregistrement ……./……./…….			
	accident ……./……./……. enregistrement ……./……./…….			
	accident ……./……./……. enregistrement ……./……./…….			
	accident ……./……./……. enregistrement ……./……./…….			
	accident ……./……./……. enregistrement ……./……./…….			
	accident ……./……./……. enregistrement ……./……./…….			
	accident ……./……./……. enregistrement ……./……./…….			
	accident ……./……./……. enregistrement ……./……./…….			
	accident ……./……./……. enregistrement ……./……./…….			

NOMS des TÉMOINS	SIGNATURE du DONNEUR DE SOINS	SIGNATURE DE LA VICTIME	OBSERVATIONS	DATE de l'ARRÊT de TRAVAIL (le cas échéant)
				du ..../......./....... au ..../......./.......
				du ..../......./....... au ..../......./.......
				du ..../......./....... au ..../......./.......
				du ..../......./....... au ..../......./.......
				du ..../......./....... au ..../......./.......
				du ..../......./....... au ..../......./.......
				du ..../......./....... au ..../......./.......
				du ..../......./....... au ..../......./.......
				du ..../......./....... au ..../......./.......
NOMS des TÉMOINS	SIGNATURE du DONNEUR DE SOINS	SIGNATURE DE LA VICTIME	OBSERVATIONS	DATE de l'ARRÊT de TRAVAIL (le cas échéant)

Numéro d'ORDRE	DATE ACCIDENT - ENREGISTREMENT	NOM et PRÉNOM de la VICTIME	Lieu de l'ACCIDENT (et circonstances détaillées)	NATURE et SIÈGES des LÉSIONS
	accident ..../........./........ enregistrement ..../........./........			
	accident ..../........./........ enregistrement ..../........./........			
	accident ..../........./........ enregistrement ..../........./........			
	accident ..../........./........ enregistrement ..../........./........			
	accident ..../........./........ enregistrement ..../........./........			
	accident ..../........./........ enregistrement ..../........./........			
	accident ..../........./........ enregistrement ..../........./........			
	accident ..../........./........ enregistrement ..../........./........			
	accident ..../........./........ enregistrement ..../........./........			

NOMS des TÉMOINS	SIGNATURE du DONNEUR DE SOINS	SIGNATURE DE LA VICTIME	OBSERVATIONS	DATE de l'ARRÊT de TRAVAIL (le cas échéant)
				du ..../......./........ au ..../......./........
				du ..../......./........ au ..../......./........
				du ..../......./........ au ..../......./........
				du ..../......./........ au ..../......./........
				du ..../......./........ au ..../......./........
				du ..../......./........ au ..../......./........
				du ..../......./........ au ..../......./........
				du ..../......./........ au ..../......./........
				du ..../......./........ au ..../......./........

Numéro d'ORDRE	DATE ACCIDENT - ENREGISTREMENT	NOM et PRÉNOM de la VICTIME	Lieu de l'ACCIDENT (et circonstances détaillées)	NATURE et SIÈGES des LÉSIONS
	accident ……../……../…….. enregistrement ……../……../……..			
	accident ……../……../…….. enregistrement ……../……../……..			
	accident ……../……../…….. enregistrement ……../……../……..			
	accident ……../……../…….. enregistrement ……../……../……..			
	accident ……../……../…….. enregistrement ……../……../……..			
	accident ……../……../…….. enregistrement ……../……../……..			
	accident ……../……../…….. enregistrement ……../……../……..			
	accident ……../……../…….. enregistrement ……../……../……..			
	accident ……../……../…….. enregistrement ……../……../……..			

NOMS des TÉMOINS	SIGNATURE du DONNEUR DE SOINS	SIGNATURE DE LA VICTIME	OBSERVATIONS	DATE de l'ARRÊT de TRAVAIL (le cas échéant)
				du ..../......../........ au ..../......../........
				du ..../......../........ au ..../......../........
				du ..../......../........ au ..../......../........
				du ..../......../........ au ..../......../........
				du ..../......../........ au ..../......../........
				du ..../......../........ au ..../......../........
				du ..../......../........ au ..../......../........
				du ..../......../........ au ..../......../........
				du ..../......../........ au ..../......../........

Numéro d'ORDRE	DATE ACCIDENT - ENREGISTREMENT	NOM et PRÉNOM de la VICTIME	Lieu de l'ACCIDENT (et circonstances détaillées)	NATURE et SIÈGES des LÉSIONS
	accident ..../........./........ enregistrement ..../........./........			
	accident ..../........./........ enregistrement ..../........./........			
	accident ..../........./........ enregistrement ..../........./........			
	accident ..../........./........ enregistrement ..../........./........			
	accident ..../........./........ enregistrement ..../........./........			
	accident ..../........./........ enregistrement ..../........./........			
	accident ..../........./........ enregistrement ..../........./........			
	accident ..../........./........ enregistrement ..../........./........			
	accident ..../........./........ enregistrement ..../........./........			

NOMS des TÉMOINS	SIGNATURE du DONNEUR DE SOINS	SIGNATURE DE LA VICTIME	OBSERVATIONS	DATE de l'ARRÊT de TRAVAIL (le cas échéant)
				du ..../......../........ au ..../......../........
				du ..../......../........ au ..../......../........
				du ..../......../........ au ..../......../........
				du ..../......../........ au ..../......../........
				du ..../......../........ au ..../......../........
				du ..../......../........ au ..../......../........
				du ..../......../........ au ..../......../........
				du ..../......../........ au ..../......../........
				du ..../......../........ au ..../......../........
NOMS des TÉMOINS	SIGNATURE du DONNEUR DE SOINS	SIGNATURE DE LA VICTIME	OBSERVATIONS	DATE de l'ARRÊT de TRAVAIL (le cas échéant)

Numéro d'ORDRE	DATE ACCIDENT - ENREGISTREMENT	NOM et PRÉNOM de la VICTIME	Lieu de l'ACCIDENT (et circonstances détaillées)	NATURE et SIÈGES des LÉSIONS
	accident ..../......../........ enregistrement ..../......../........			
	accident ..../......../........ enregistrement ..../......../........			
	accident ..../......../........ enregistrement ..../......../........			
	accident ..../......../........ enregistrement ..../......../........			
	accident ..../......../........ enregistrement ..../......../........			
	accident ..../......../........ enregistrement ..../......../........			
	accident ..../......../........ enregistrement ..../......../........			
	accident ..../......../........ enregistrement ..../......../........			
	accident ..../......../........ enregistrement ..../......../........			

NOMS des TÉMOINS	SIGNATURE du DONNEUR DE SOINS	SIGNATURE DE LA VICTIME	OBSERVATIONS	DATE de l'ARRÊT de TRAVAIL (le cas échéant)
				du ..../......../........ au ..../......../........
				du ..../......../........ au ..../......../........
				du ..../......../........ au ..../......../........
				du ..../......../........ au ..../......../........
				du ..../......../........ au ..../......../........
				du ..../......../........ au ..../......../........
				du ..../......../........ au ..../......../........
				du ..../......../........ au ..../......../........
				du ..../......../........ au ..../......../........

Numéro d'ORDRE	DATE ACCIDENT - ENREGISTREMENT	NOM et PRÉNOM de la VICTIME	Lieu de l'ACCIDENT (et circonstances détaillées)	NATURE et SIÈGES des LÉSIONS
	accident ..../......../........ enregistrement ..../......../........			
	accident ..../......../........ enregistrement ..../......../........			
	accident ..../......../........ enregistrement ..../......../........			
	accident ..../......../........ enregistrement ..../......../........			
	accident ..../......../........ enregistrement ..../......../........			
	accident ..../......../........ enregistrement ..../......../........			
	accident ..../......../........ enregistrement ..../......../........			
	accident ..../......../........ enregistrement ..../......../........			
	accident ..../......../........ enregistrement ..../......../........			

NOMS des TÉMOINS	SIGNATURE du DONNEUR DE SOINS	SIGNATURE DE LA VICTIME	OBSERVATIONS	DATE de l'ARRÊT de TRAVAIL (le cas échéant)
				du ……../……../…….. au ……../……../……..
				du ……../……../…….. au ……../……../……..
				du ……../……../…….. au ……../……../……..
				du ……../……../…….. au ……../……../……..
				du ……../……../…….. au ……../……../……..
				du ……../……../…….. au ……../……../……..
				du ……../……../…….. au ……../……../……..
				du ……../……../…….. au ……../……../……..
				du ……../……../…….. au ……../……../……..

Numéro d'ORDRE	DATE ACCIDENT - ENREGISTREMENT	NOM et PRÉNOM de la VICTIME	Lieu de l'ACCIDENT (et circonstances détaillées)	NATURE et SIÈGES des LÉSIONS
	accident ..../......../........ enregistrement ..../......../........			
	accident ..../......../........ enregistrement ..../......../........			
	accident ..../......../........ enregistrement ..../......../........			
	accident ..../......../........ enregistrement ..../......../........			
	accident ..../......../........ enregistrement ..../......../........			
	accident ..../......../........ enregistrement ..../......../........			
	accident ..../......../........ enregistrement ..../......../........			
	accident ..../......../........ enregistrement ..../......../........			
	accident ..../......../........ enregistrement ..../......../........			

NOMS des TÉMOINS	SIGNATURE du DONNEUR DE SOINS	SIGNATURE DE LA VICTIME	OBSERVATIONS	DATE de l'ARRÊT de TRAVAIL (le cas échéant)
				du ..../........./........ au ..../........./........
				du ..../........./........ au ..../........./........
				du ..../........./........ au ..../........./........
				du ..../........./........ au ..../........./........
				du ..../........./........ au ..../........./........
				du ..../........./........ au ..../........./........
				du ..../........./........ au ..../........./........
				du ..../........./........ au ..../........./........
				du ..../........./........ au ..../........./........

Numéro d'ORDRE	DATE ACCIDENT - ENREGISTREMENT	NOM et PRÉNOM de la VICTIME	Lieu de l'ACCIDENT (et circonstances détaillées)	NATURE et SIÈGES des LÉSIONS
	accident ..../......../........ enregistrement ..../......../........			
	accident ..../......../........ enregistrement ..../......../........			
	accident ..../......../........ enregistrement ..../......../........			
	accident ..../......../........ enregistrement ..../......../........			
	accident ..../......../........ enregistrement ..../......../........			
	accident ..../......../........ enregistrement ..../......../........			
	accident ..../......../........ enregistrement ..../......../........			
	accident ..../......../........ enregistrement ..../......../........			
	accident ..../......../........ enregistrement ..../......../........			

NOMS des TÉMOINS	SIGNATURE du DONNEUR DE SOINS	SIGNATURE DE LA VICTIME	OBSERVATIONS	DATE de l'ARRÊT de TRAVAIL (le cas échéant)
				du ..../......./....... au ..../......./.......
				du ..../......./....... au ..../......./.......
				du ..../......./....... au ..../......./.......
				du ..../......./....... au ..../......./.......
				du ..../......./....... au ..../......./.......
				du ..../......./....... au ..../......./.......
				du ..../......./....... au ..../......./.......
				du ..../......./....... au ..../......./.......
				du ..../......./....... au ..../......./.......

Numéro d'ORDRE	DATE ACCIDENT - ENREGISTREMENT	NOM et PRÉNOM de la VICTIME	Lieu de l'ACCIDENT (et circonstances détaillées)	NATURE et SIÈGES des LÉSIONS
	accident ……/……/…… enregistrement ……/……/……			
	accident ……/……/…… enregistrement ……/……/……			
	accident ……/……/…… enregistrement ……/……/……			
	accident ……/……/…… enregistrement ……/……/……			
	accident ……/……/…… enregistrement ……/……/……			
	accident ……/……/…… enregistrement ……/……/……			
	accident ……/……/…… enregistrement ……/……/……			
	accident ……/……/…… enregistrement ……/……/……			
	accident ……/……/…… enregistrement ……/……/……			

NOMS des TÉMOINS	SIGNATURE du DONNEUR DE SOINS	SIGNATURE DE LA VICTIME	OBSERVATIONS	DATE de l'ARRÊT de TRAVAIL (le cas échéant)
				du ..../......./........ au ..../......./........
				du ..../......./........ au ..../......./........
				du ..../......./........ au ..../......./........
				du ..../......./........ au ..../......./........
				du ..../......./........ au ..../......./........
				du ..../......./........ au ..../......./........
				du ..../......./........ au ..../......./........
				du ..../......./........ au ..../......./........
				du ..../......./........ au ..../......./........

Numéro d'ORDRE	DATE ACCIDENT - ENREGISTREMENT	NOM et PRÉNOM de la VICTIME	Lieu de l'ACCIDENT (et circonstances détaillées)	NATURE et SIÈGES des LÉSIONS
	accident ……./……./……. enregistrement ……./……./…….			
	accident ……./……./……. enregistrement ……./……./…….			
	accident ……./……./……. enregistrement ……./……./…….			
	accident ……./……./……. enregistrement ……./……./…….			
	accident ……./……./……. enregistrement ……./……./…….			
	accident ……./……./……. enregistrement ……./……./…….			
	accident ……./……./……. enregistrement ……./……./…….			
	accident ……./……./……. enregistrement ……./……./…….			
	accident ……./……./……. enregistrement ……./……./…….			

NOMS des TÉMOINS	SIGNATURE du DONNEUR DE SOINS	SIGNATURE DE LA VICTIME	OBSERVATIONS	DATE de l'ARRÊT de TRAVAIL (le cas échéant)
				du ……/……/…… au ……/……/……
				du ……/……/…… au ……/……/……
				du ……/……/…… au ……/……/……
				du ……/……/…… au ……/……/……
				du ……/……/…… au ……/……/……
				du ……/……/…… au ……/……/……
				du ……/……/…… au ……/……/……
				du ……/……/…… au ……/……/……
				du ……/……/…… au ……/……/……

Numéro d'ORDRE	DATE ACCIDENT - ENREGISTREMENT	NOM et PRÉNOM de la VICTIME	Lieu de l'ACCIDENT (et circonstances détaillées)	NATURE et SIÈGES des LÉSIONS
	accident ……./……./……. enregistrement ……./……./…….			
	accident ……./……./……. enregistrement ……./……./…….			
	accident ……./……./……. enregistrement ……./……./…….			
	accident ……./……./……. enregistrement ……./……./…….			
	accident ……./……./……. enregistrement ……./……./…….			
	accident ……./……./……. enregistrement ……./……./…….			
	accident ……./……./……. enregistrement ……./……./…….			
	accident ……./……./……. enregistrement ……./……./…….			
	accident ……./……./……. enregistrement ……./……./…….			

NOMS des TÉMOINS	SIGNATURE du DONNEUR DE SOINS	SIGNATURE DE LA VICTIME	OBSERVATIONS	DATE de l'ARRÊT de TRAVAIL (le cas échéant)
				du ..../......./....... au ..../......./.......
				du ..../......./....... au ..../......./.......
				du ..../......./....... au ..../......./.......
				du ..../......./....... au ..../......./.......
				du ..../......./....... au ..../......./.......
				du ..../......./....... au ..../......./.......
				du ..../......./....... au ..../......./.......
				du ..../......./....... au ..../......./.......
				du ..../......./....... au ..../......./.......

Numéro d'ORDRE	DATE ACCIDENT - ENREGISTREMENT	NOM et PRÉNOM de la VICTIME	Lieu de l'ACCIDENT (et circonstances détaillées)	NATURE et SIÈGES des LÉSIONS
	accident ..../......./....... enregistrement ..../......./.......			
	accident ..../......./....... enregistrement ..../......./.......			
	accident ..../......./....... enregistrement ..../......./.......			
	accident ..../......./....... enregistrement ..../......./.......			
	accident ..../......./....... enregistrement ..../......./.......			
	accident ..../......./....... enregistrement ..../......./.......			
	accident ..../......./....... enregistrement ..../......./.......			
	accident ..../......./....... enregistrement ..../......./.......			
	accident ..../......./....... enregistrement ..../......./.......			

NOMS des TÉMOINS	SIGNATURE du DONNEUR DE SOINS	SIGNATURE DE LA VICTIME	OBSERVATIONS	DATE de l'ARRÊT de TRAVAIL (le cas échéant)
				du ..../......../........ au ..../......../........
				du ..../......../........ au ..../......../........
				du ..../......../........ au ..../......../........
				du ..../......../........ au ..../......../........
				du ..../......../........ au ..../......../........
				du ..../......../........ au ..../......../........
				du ..../......../........ au ..../......../........
				du ..../......../........ au ..../......../........
				du ..../......../........ au ..../......../........

Numéro d'ORDRE	DATE ACCIDENT - ENREGISTREMENT	NOM et PRÉNOM de la VICTIME	Lieu de l'ACCIDENT (et circonstances détaillées)	NATURE et SIÈGES des LÉSIONS
	accident ……/……/…… enregistrement ……/……/……			
	accident ……/……/…… enregistrement ……/……/……			
	accident ……/……/…… enregistrement ……/……/……			
	accident ……/……/…… enregistrement ……/……/……			
	accident ……/……/…… enregistrement ……/……/……			
	accident ……/……/…… enregistrement ……/……/……			
	accident ……/……/…… enregistrement ……/……/……			
	accident ……/……/…… enregistrement ……/……/……			
	accident ……/……/…… enregistrement ……/……/……			

NOMS des TÉMOINS	SIGNATURE du DONNEUR DE SOINS	SIGNATURE DE LA VICTIME	OBSERVATIONS	DATE de l'ARRÊT de TRAVAIL (le cas échéant)
				du ..../......../........ au ..../......../........
				du ..../......../........ au ..../......../........
				du ..../......../........ au ..../......../........
				du ..../......../........ au ..../......../........
				du ..../......../........ au ..../......../........
				du ..../......../........ au ..../......../........
				du ..../......../........ au ..../......../........
				du ..../......../........ au ..../......../........
				du ..../......../........ au ..../......../........
NOMS des TÉMOINS	SIGNATURE du DONNEUR DE SOINS	SIGNATURE DE LA VICTIME	OBSERVATIONS	DATE de l'ARRÊT de TRAVAIL (le cas échéant)

Numéro d'ORDRE	DATE ACCIDENT - ENREGISTREMENT	NOM et PRÉNOM de la VICTIME	Lieu de l'ACCIDENT (et circonstances détaillées)	NATURE et SIÈGES des LÉSIONS
	accident ……/……/…… enregistrement ……/……/……			
	accident ……/……/…… enregistrement ……/……/……			
	accident ……/……/…… enregistrement ……/……/……			
	accident ……/……/…… enregistrement ……/……/……			
	accident ……/……/…… enregistrement ……/……/……			
	accident ……/……/…… enregistrement ……/……/……			
	accident ……/……/…… enregistrement ……/……/……			
	accident ……/……/…… enregistrement ……/……/……			
	accident ……/……/…… enregistrement ……/……/……			

NOMS des TÉMOINS	SIGNATURE du DONNEUR DE SOINS	SIGNATURE DE LA VICTIME	OBSERVATIONS	DATE de l'ARRÊT de TRAVAIL (le cas échéant)
				du ..../......../........ au ..../......../........
				du ..../......../........ au ..../......../........
				du ..../......../........ au ..../......../........
				du ..../......../........ au ..../......../........
				du ..../......../........ au ..../......../........
				du ..../......../........ au ..../......../........
				du ..../......../........ au ..../......../........
				du ..../......../........ au ..../......../........
				du ..../......../........ au ..../......../........

Numéro d'ORDRE	DATE ACCIDENT - ENREGISTREMENT	NOM et PRÉNOM de la VICTIME	Lieu de l'ACCIDENT (et circonstances détaillées)	NATURE et SIÈGES des LÉSIONS
	accident ……/……/…… enregistrement ……/……/……			
	accident ……/……/…… enregistrement ……/……/……			
	accident ……/……/…… enregistrement ……/……/……			
	accident ……/……/…… enregistrement ……/……/……			
	accident ……/……/…… enregistrement ……/……/……			
	accident ……/……/…… enregistrement ……/……/……			
	accident ……/……/…… enregistrement ……/……/……			
	accident ……/……/…… enregistrement ……/……/……			
	accident ……/……/…… enregistrement ……/……/……			

NOMS des TÉMOINS	SIGNATURE du DONNEUR DE SOINS	SIGNATURE DE LA VICTIME	OBSERVATIONS	DATE de l'ARRÊT de TRAVAIL (le cas échéant)
				du ……./……./…….. au ……./……./……..
				du ……./……./…….. au ……./……./……..
				du ……./……./…….. au ……./……./……..
				du ……./……./…….. au ……./……./……..
				du ……./……./…….. au ……./……./……..
				du ……./……./…….. au ……./……./……..
				du ……./……./…….. au ……./……./……..
				du ……./……./…….. au ……./……./……..
				du ……./……./…….. au ……./……./……..

Numéro d'ORDRE	DATE ACCIDENT - ENREGISTREMENT	NOM et PRÉNOM de la VICTIME	Lieu de l'ACCIDENT (et circonstances détaillées)	NATURE et SIÈGES des LÉSIONS
	accident ..../......../........ enregistrement ..../......../........			
	accident ..../......../........ enregistrement ..../......../........			
	accident ..../......../........ enregistrement ..../......../........			
	accident ..../......../........ enregistrement ..../......../........			
	accident ..../......../........ enregistrement ..../......../........			
	accident ..../......../........ enregistrement ..../......../........			
	accident ..../......../........ enregistrement ..../......../........			
	accident ..../......../........ enregistrement ..../......../........			
	accident ..../......../........ enregistrement ..../......../........			

NOMS des TÉMOINS	SIGNATURE du DONNEUR DE SOINS	SIGNATURE DE LA VICTIME	OBSERVATIONS	DATE de l'ARRÊT de TRAVAIL (le cas échéant)
				du ..../......../........ au ..../......../........
				du ..../......../........ au ..../......../........
				du ..../......../........ au ..../......../........
				du ..../......../........ au ..../......../........
				du ..../......../........ au ..../......../........
				du ..../......../........ au ..../......../........
				du ..../......../........ au ..../......../........
				du ..../......../........ au ..../......../........
				du ..../......../........ au ..../......../........

Numéro d'ORDRE	DATE ACCIDENT - ENREGISTREMENT	NOM et PRÉNOM de la VICTIME	Lieu de l'ACCIDENT (et circonstances détaillées)	NATURE et SIÈGES des LÉSIONS
	accident ..../......./....... enregistrement ..../......./.......			
	accident ..../......./....... enregistrement ..../......./.......			
	accident ..../......./....... enregistrement ..../......./.......			
	accident ..../......./....... enregistrement ..../......./.......			
	accident ..../......./....... enregistrement ..../......./.......			
	accident ..../......./....... enregistrement ..../......./.......			
	accident ..../......./....... enregistrement ..../......./.......			
	accident ..../......./....... enregistrement ..../......./.......			
	accident ..../......./....... enregistrement ..../......./.......			

NOMS des TÉMOINS	SIGNATURE du DONNEUR DE SOINS	SIGNATURE DE LA VICTIME	OBSERVATIONS	DATE de l'ARRÊT de TRAVAIL (le cas échéant)
				du ..../......../........ au ..../......../........
				du ..../......../........ au ..../......../........
				du ..../......../........ au ..../......../........
				du ..../......../........ au ..../......../........
				du ..../......../........ au ..../......../........
				du ..../......../........ au ..../......../........
				du ..../......../........ au ..../......../........
				du ..../......../........ au ..../......../........
				du ..../......../........ au ..../......../........
NOMS des TÉMOINS	SIGNATURE du DONNEUR DE SOINS	SIGNATURE DE LA VICTIME	OBSERVATIONS	DATE de l'ARRÊT de TRAVAIL (le cas échéant)

Numéro d'ORDRE	DATE ACCIDENT - ENREGISTREMENT	NOM et PRÉNOM de la VICTIME	Lieu de l'ACCIDENT (et circonstances détaillées)	NATURE et SIÈGES des LÉSIONS
	accident ..../......../........ enregistrement ..../......../........			
	accident ..../......../........ enregistrement ..../......../........			
	accident ..../......../........ enregistrement ..../......../........			
	accident ..../......../........ enregistrement ..../......../........			
	accident ..../......../........ enregistrement ..../......../........			
	accident ..../......../........ enregistrement ..../......../........			
	accident ..../......../........ enregistrement ..../......../........			
	accident ..../......../........ enregistrement ..../......../........			
	accident ..../......../........ enregistrement ..../......../........			

NOMS des TÉMOINS	SIGNATURE du DONNEUR DE SOINS	SIGNATURE DE LA VICTIME	OBSERVATIONS	DATE de l'ARRÊT de TRAVAIL (le cas échéant)
				du ……../……../…….. au ……../……../……..
				du ……../……../…….. au ……../……../……..
				du ……../……../…….. au ……../……../……..
				du ……../……../…….. au ……../……../……..
				du ……../……../…….. au ……../……../……..
				du ……../……../…….. au ……../……../……..
				du ……../……../…….. au ……../……../……..
				du ……../……../…….. au ……../……../……..
				du ……../……../…….. au ……../……../……..

Numéro d'ORDRE	DATE ACCIDENT - ENREGISTREMENT	NOM et PRÉNOM de la VICTIME	Lieu de l'ACCIDENT (et circonstances détaillées)	NATURE et SIÈGES des LÉSIONS
	accident ..../......../........ enregistrement ..../......../........			
	accident ..../......../........ enregistrement ..../......../........			
	accident ..../......../........ enregistrement ..../......../........			
	accident ..../......../........ enregistrement ..../......../........			
	accident ..../......../........ enregistrement ..../......../........			
	accident ..../......../........ enregistrement ..../......../........			
	accident ..../......../........ enregistrement ..../......../........			
	accident ..../......../........ enregistrement ..../......../........			
	accident ..../......../........ enregistrement ..../......../........			

NOMS des TÉMOINS	SIGNATURE du DONNEUR DE SOINS	SIGNATURE DE LA VICTIME	OBSERVATIONS	DATE de l'ARRÊT de TRAVAIL (le cas échéant)
				du ……/……/…… au ……/……/……
				du ……/……/…… au ……/……/……
				du ……/……/…… au ……/……/……
				du ……/……/…… au ……/……/……
				du ……/……/…… au ……/……/……
				du ……/……/…… au ……/……/……
				du ……/……/…… au ……/……/……
				du ……/……/…… au ……/……/……
				du ……/……/…… au ……/……/……

Numéro d'ORDRE	DATE ACCIDENT - ENREGISTREMENT	NOM et PRÉNOM de la VICTIME	Lieu de l'ACCIDENT (et circonstances détaillées)	NATURE et SIÈGES des LÉSIONS
	accident ………/………/……… enregistrement ………/………/………			
	accident ………/………/……… enregistrement ………/………/………			
	accident ………/………/……… enregistrement ………/………/………			
	accident ………/………/……… enregistrement ………/………/………			
	accident ………/………/……… enregistrement ………/………/………			
	accident ………/………/……… enregistrement ………/………/………			
	accident ………/………/……… enregistrement ………/………/………			
	accident ………/………/……… enregistrement ………/………/………			
	accident ………/………/……… enregistrement ………/………/………			

NOMS des TÉMOINS	SIGNATURE du DONNEUR DE SOINS	SIGNATURE DE LA VICTIME	OBSERVATIONS	DATE de l'ARRÊT de TRAVAIL (le cas échéant)
				du ……../……../…….. au ……../……../……..
				du ……../……../…….. au ……../……../……..
				du ……../……../…….. au ……../……../……..
				du ……../……../…….. au ……../……../……..
				du ……../……../…….. au ……../……../……..
				du ……../……../…….. au ……../……../……..
				du ……../……../…….. au ……../……../……..
				du ……../……../…….. au ……../……../……..
				du ……../……../…….. au ……../……../……..

Numéro d'ORDRE	DATE ACCIDENT - ENREGISTREMENT	NOM et PRÉNOM de la VICTIME	Lieu de l'ACCIDENT (et circonstances détaillées)	NATURE et SIÈGES des LÉSIONS
	accident ……/……/…… enregistrement ……/……/……			
	accident ……/……/…… enregistrement ……/……/……			
	accident ……/……/…… enregistrement ……/……/……			
	accident ……/……/…… enregistrement ……/……/……			
	accident ……/……/…… enregistrement ……/……/……			
	accident ……/……/…… enregistrement ……/……/……			
	accident ……/……/…… enregistrement ……/……/……			
	accident ……/……/…… enregistrement ……/……/……			
	accident ……/……/…… enregistrement ……/……/……			

NOMS des TÉMOINS	SIGNATURE du DONNEUR DE SOINS	SIGNATURE DE LA VICTIME	OBSERVATIONS	DATE de l'ARRÊT de TRAVAIL (le cas échéant)
				du ..../......./........ au ..../......./........
				du ..../......./........ au ..../......./........
				du ..../......./........ au ..../......./........
				du ..../......./........ au ..../......./........
				du ..../......./........ au ..../......./........
				du ..../......./........ au ..../......./........
				du ..../......./........ au ..../......./........
				du ..../......./........ au ..../......./........
				du ..../......./........ au ..../......./........

Numéro d'ORDRE	DATE ACCIDENT - ENREGISTREMENT	NOM et PRÉNOM de la VICTIME	Lieu de l'ACCIDENT (et circonstances détaillées)	NATURE et SIÈGES des LÉSIONS
	accident ..../........./........ enregistrement ..../........./........			
	accident ..../........./........ enregistrement ..../........./........			
	accident ..../........./........ enregistrement ..../........./........			
	accident ..../........./........ enregistrement ..../........./........			
	accident ..../........./........ enregistrement ..../........./........			
	accident ..../........./........ enregistrement ..../........./........			
	accident ..../........./........ enregistrement ..../........./........			
	accident ..../........./........ enregistrement ..../........./........			
	accident ..../........./........ enregistrement ..../........./........			

NOMS des TÉMOINS	SIGNATURE du DONNEUR DE SOINS	SIGNATURE DE LA VICTIME	OBSERVATIONS	DATE de l'ARRÊT de TRAVAIL (le cas échéant)
				du ..../......../........ au ..../......../........
				du ..../......../........ au ..../......../........
				du ..../......../........ au ..../......../........
				du ..../......../........ au ..../......../........
				du ..../......../........ au ..../......../........
				du ..../......../........ au ..../......../........
				du ..../......../........ au ..../......../........
				du ..../......../........ au ..../......../........
				du ..../......../........ au ..../......../........

Numéro d'ORDRE	DATE ACCIDENT - ENREGISTREMENT	NOM et PRÉNOM de la VICTIME	Lieu de l'ACCIDENT (et circonstances détaillées)	NATURE et SIÈGES des LÉSIONS
	accident ..../........./........ enregistrement ..../........./........			
	accident ..../........./........ enregistrement ..../........./........			
	accident ..../........./........ enregistrement ..../........./........			
	accident ..../........./........ enregistrement ..../........./........			
	accident ..../........./........ enregistrement ..../........./........			
	accident ..../........./........ enregistrement ..../........./........			
	accident ..../........./........ enregistrement ..../........./........			
	accident ..../........./........ enregistrement ..../........./........			
	accident ..../........./........ enregistrement ..../........./........			

NOMS des TÉMOINS	SIGNATURE du DONNEUR DE SOINS	SIGNATURE DE LA VICTIME	OBSERVATIONS	DATE de l'ARRÊT de TRAVAIL (le cas échéant)
				du ..../......../........ au ..../......../........
				du ..../......../........ au ..../......../........
				du ..../......../........ au ..../......../........
				du ..../......../........ au ..../......../........
				du ..../......../........ au ..../......../........
				du ..../......../........ au ..../......../........
				du ..../......../........ au ..../......../........
				du ..../......../........ au ..../......../........
				du ..../......../........ au ..../......../........
NOMS des TÉMOINS	SIGNATURE du DONNEUR DE SOINS	SIGNATURE DE LA VICTIME	OBSERVATIONS	DATE de l'ARRÊT de TRAVAIL (le cas échéant)

Numéro d'ORDRE	DATE ACCIDENT - ENREGISTREMENT	NOM et PRÉNOM de la VICTIME	Lieu de l'ACCIDENT (et circonstances détaillées)	NATURE et SIÈGES des LÉSIONS
	accident ……/……/…… enregistrement ……/……/……			
	accident ……/……/…… enregistrement ……/……/……			
	accident ……/……/…… enregistrement ……/……/……			
	accident ……/……/…… enregistrement ……/……/……			
	accident ……/……/…… enregistrement ……/……/……			
	accident ……/……/…… enregistrement ……/……/……			
	accident ……/……/…… enregistrement ……/……/……			
	accident ……/……/…… enregistrement ……/……/……			
	accident ……/……/…… enregistrement ……/……/……			

NOMS des TÉMOINS	SIGNATURE du DONNEUR DE SOINS	SIGNATURE DE LA VICTIME	OBSERVATIONS	DATE de l'ARRÊT de TRAVAIL (le cas échéant)
				du ..../......../........ au ..../......../........
				du ..../......../........ au ..../......../........
				du ..../......../........ au ..../......../........
				du ..../......../........ au ..../......../........
				du ..../......../........ au ..../......../........
				du ..../......../........ au ..../......../........
				du ..../......../........ au ..../......../........
				du ..../......../........ au ..../......../........
				du ..../......../........ au ..../......../........

Numéro d'ORDRE	DATE ACCIDENT - ENREGISTREMENT	NOM et PRÉNOM de la VICTIME	Lieu de l'ACCIDENT (et circonstances détaillées)	NATURE et SIÈGES des LÉSIONS
	accident ..../......../........ enregistrement ..../......../........			
	accident ..../......../........ enregistrement ..../......../........			
	accident ..../......../........ enregistrement ..../......../........			
	accident ..../......../........ enregistrement ..../......../........			
	accident ..../......../........ enregistrement ..../......../........			
	accident ..../......../........ enregistrement ..../......../........			
	accident ..../......../........ enregistrement ..../......../........			
	accident ..../......../........ enregistrement ..../......../........			
	accident ..../......../........ enregistrement ..../......../........			

NOMS des TÉMOINS	SIGNATURE du DONNEUR DE SOINS	SIGNATURE DE LA VICTIME	OBSERVATIONS	DATE de l'ARRÊT de TRAVAIL (le cas échéant)
				du ……../……../…….. au ……../……../……..
				du ……../……../…….. au ……../……../……..
				du ……../……../…….. au ……../……../……..
				du ……../……../…….. au ……../……../……..
				du ……../……../…….. au ……../……../……..
				du ……../……../…….. au ……../……../……..
				du ……../……../…….. au ……../……../……..
				du ……../……../…….. au ……../……../……..
				du ……../……../…….. au ……../……../……..

Numéro d'ORDRE	DATE ACCIDENT - ENREGISTREMENT	NOM et PRÉNOM de la VICTIME	Lieu de l'ACCIDENT (et circonstances détaillées)	NATURE et SIÈGES des LÉSIONS
	accident ..../......../........ enregistrement ..../......../........			
	accident ..../......../........ enregistrement ..../......../........			
	accident ..../......../........ enregistrement ..../......../........			
	accident ..../......../........ enregistrement ..../......../........			
	accident ..../......../........ enregistrement ..../......../........			
	accident ..../......../........ enregistrement ..../......../........			
	accident ..../......../........ enregistrement ..../......../........			
	accident ..../......../........ enregistrement ..../......../........			
	accident ..../......../........ enregistrement ..../......../........			

NOMS des TÉMOINS	SIGNATURE du DONNEUR DE SOINS	SIGNATURE DE LA VICTIME	OBSERVATIONS	DATE de l'ARRÊT de TRAVAIL (le cas échéant)
				du ……../……../…….. au ……../……../……..
				du ……../……../…….. au ……../……../……..
				du ……../……../…….. au ……../……../……..
				du ……../……../…….. au ……../……../……..
				du ……../……../…….. au ……../……../……..
				du ……../……../…….. au ……../……../……..
				du ……../……../…….. au ……../……../……..
				du ……../……../…….. au ……../……../……..
				du ……../……../…….. au ……../……../……..

Numéro d'ORDRE	DATE ACCIDENT - ENREGISTREMENT	NOM et PRÉNOM de la VICTIME	Lieu de l'ACCIDENT (et circonstances détaillées)	NATURE et SIÈGES des LÉSIONS
	accident ……/……/…… enregistrement ……/……/……			
	accident ……/……/…… enregistrement ……/……/……			
	accident ……/……/…… enregistrement ……/……/……			
	accident ……/……/…… enregistrement ……/……/……			
	accident ……/……/…… enregistrement ……/……/……			
	accident ……/……/…… enregistrement ……/……/……			
	accident ……/……/…… enregistrement ……/……/……			
	accident ……/……/…… enregistrement ……/……/……			
	accident ……/……/…… enregistrement ……/……/……			

NOMS des TÉMOINS	SIGNATURE du DONNEUR DE SOINS	SIGNATURE DE LA VICTIME	OBSERVATIONS	DATE de l'ARRÊT de TRAVAIL (le cas échéant)
				du ……/……/…… au ……/……/……
				du ……/……/…… au ……/……/……
				du ……/……/…… au ……/……/……
				du ……/……/…… au ……/……/……
				du ……/……/…… au ……/……/……
				du ……/……/…… au ……/……/……
				du ……/……/…… au ……/……/……
				du ……/……/…… au ……/……/……
				du ……/……/…… au ……/……/……

Numéro d'ORDRE	DATE ACCIDENT - ENREGISTREMENT	NOM et PRÉNOM de la VICTIME	Lieu de l'ACCIDENT (et circonstances détaillées)	NATURE et SIÈGES des LÉSIONS
	accident ……./……./……. enregistrement ……./……./…….			
	accident ……./……./……. enregistrement ……./……./…….			
	accident ……./……./……. enregistrement ……./……./…….			
	accident ……./……./……. enregistrement ……./……./…….			
	accident ……./……./……. enregistrement ……./……./…….			
	accident ……./……./……. enregistrement ……./……./…….			
	accident ……./……./……. enregistrement ……./……./…….			
	accident ……./……./……. enregistrement ……./……./…….			
	accident ……./……./……. enregistrement ……./……./…….			

NOMS des TÉMOINS	SIGNATURE du DONNEUR DE SOINS	SIGNATURE DE LA VICTIME	OBSERVATIONS	DATE de l'ARRÊT de TRAVAIL (le cas échéant)
				du ……./……./…….. au ……./……./……..
				du ……./……./…….. au ……./……./……..
				du ……./……./…….. au ……./……./……..
				du ……./……./…….. au ……./……./……..
				du ……./……./…….. au ……./……./……..
				du ……./……./…….. au ……./……./……..
				du ……./……./…….. au ……./……./……..
				du ……./……./…….. au ……./……./……..
				du ……./……./…….. au ……./……./……..

Numéro d'ORDRE	DATE ACCIDENT - ENREGISTREMENT	NOM et PRÉNOM de la VICTIME	Lieu de l'ACCIDENT (et circonstances détaillées)	NATURE et SIÈGES des LÉSIONS
	accident ……./……./……. enregistrement ……./……./…….			
	accident ……./……./……. enregistrement ……./……./…….			
	accident ……./……./……. enregistrement ……./……./…….			
	accident ……./……./……. enregistrement ……./……./…….			
	accident ……./……./……. enregistrement ……./……./…….			
	accident ……./……./……. enregistrement ……./……./…….			
	accident ……./……./……. enregistrement ……./……./…….			
	accident ……./……./……. enregistrement ……./……./…….			
	accident ……./……./……. enregistrement ……./……./…….			

NOMS des TÉMOINS	SIGNATURE du DONNEUR DE SOINS	SIGNATURE DE LA VICTIME	OBSERVATIONS	DATE de l'ARRÊT de TRAVAIL (le cas échéant)
				du ……../……../…….. au ……../……../……..
				du ……../……../…….. au ……../……../……..
				du ……../……../…….. au ……../……../……..
				du ……../……../…….. au ……../……../……..
				du ……../……../…….. au ……../……../……..
				du ……../……../…….. au ……../……../……..
				du ……../……../…….. au ……../……../……..
				du ……../……../…….. au ……../……../……..
				du ……../……../…….. au ……../……../……..
NOMS des TÉMOINS	SIGNATURE du DONNEUR DE SOINS	SIGNATURE DE LA VICTIME	OBSERVATIONS	DATE de l'ARRÊT de TRAVAIL (le cas échéant)

Numéro d'ORDRE	DATE ACCIDENT - ENREGISTREMENT	NOM et PRÉNOM de la VICTIME	Lieu de l'ACCIDENT (et circonstances détaillées)	NATURE et SIÈGES des LÉSIONS
	accident ..../........./......... enregistrement ..../........./.........			
	accident ..../........./......... enregistrement ..../........./.........			
	accident ..../........./......... enregistrement ..../........./.........			
	accident ..../........./......... enregistrement ..../........./.........			
	accident ..../........./......... enregistrement ..../........./.........			
	accident ..../........./......... enregistrement ..../........./.........			
	accident ..../........./......... enregistrement ..../........./.........			
	accident ..../........./......... enregistrement ..../........./.........			
	accident ..../........./......... enregistrement ..../........./.........			

NOMS des TÉMOINS	SIGNATURE du DONNEUR DE SOINS	SIGNATURE DE LA VICTIME	OBSERVATIONS	DATE de l'ARRÊT de TRAVAIL (le cas échéant)
				du ..../......../........ au ..../......../........
				du ..../......../........ au ..../......../........
				du ..../......../........ au ..../......../........
				du ..../......../........ au ..../......../........
				du ..../......../........ au ..../......../........
				du ..../......../........ au ..../......../........
				du ..../......../........ au ..../......../........
				du ..../......../........ au ..../......../........
				du ..../......../........ au ..../......../........

Numéro d'ORDRE	DATE ACCIDENT - ENREGISTREMENT	NOM et PRÉNOM de la VICTIME	Lieu de l'ACCIDENT (et circonstances détaillées)	NATURE et SIÈGES des LÉSIONS
	accident ……/……/…… enregistrement ……/……/……			
	accident ……/……/…… enregistrement ……/……/……			
	accident ……/……/…… enregistrement ……/……/……			
	accident ……/……/…… enregistrement ……/……/……			
	accident ……/……/…… enregistrement ……/……/……			
	accident ……/……/…… enregistrement ……/……/……			
	accident ……/……/…… enregistrement ……/……/……			
	accident ……/……/…… enregistrement ……/……/……			
	accident ……/……/…… enregistrement ……/……/……			

NOMS des TÉMOINS	SIGNATURE du DONNEUR DE SOINS	SIGNATURE DE LA VICTIME	OBSERVATIONS	DATE de l'ARRÊT de TRAVAIL (le cas échéant)
				du ..../......./....... au ..../......./.......
				du ..../......./....... au ..../......./.......
				du ..../......./....... au ..../......./.......
				du ..../......./....... au ..../......./.......
				du ..../......./....... au ..../......./.......
				du ..../......./....... au ..../......./.......
				du ..../......./....... au ..../......./.......
				du ..../......./....... au ..../......./.......
				du ..../......./....... au ..../......./.......

Numéro d'ORDRE	DATE ACCIDENT - ENREGISTREMENT	NOM et PRÉNOM de la VICTIME	Lieu de l'ACCIDENT (et circonstances détaillées)	NATURE et SIÈGES des LÉSIONS
	accident ..../........./........ enregistrement ..../........./........			
	accident ..../........./........ enregistrement ..../........./........			
	accident ..../........./........ enregistrement ..../........./........			
	accident ..../........./........ enregistrement ..../........./........			
	accident ..../........./........ enregistrement ..../........./........			
	accident ..../........./........ enregistrement ..../........./........			
	accident ..../........./........ enregistrement ..../........./........			
	accident ..../........./........ enregistrement ..../........./........			
	accident ..../........./........ enregistrement ..../........./........			

NOMS des TÉMOINS	SIGNATURE du DONNEUR DE SOINS	SIGNATURE DE LA VICTIME	OBSERVATIONS	DATE de l'ARRÊT de TRAVAIL (le cas échéant)
				du ..../........./........ au ..../........./........
				du ..../........./........ au ..../........./........
				du ..../........./........ au ..../........./........
				du ..../........./........ au ..../........./........
				du ..../........./........ au ..../........./........
				du ..../........./........ au ..../........./........
				du ..../........./........ au ..../........./........
				du ..../........./........ au ..../........./........
				du ..../........./........ au ..../........./........

Numéro d'ORDRE	DATE ACCIDENT - ENREGISTREMENT	NOM et PRÉNOM de la VICTIME	Lieu de l'ACCIDENT (et circonstances détaillées)	NATURE et SIÈGES des LÉSIONS
	accident ..../......../........ enregistrement ..../......../........			
	accident ..../......../........ enregistrement ..../......../........			
	accident ..../......../........ enregistrement ..../......../........			
	accident ..../......../........ enregistrement ..../......../........			
	accident ..../......../........ enregistrement ..../......../........			
	accident ..../......../........ enregistrement ..../......../........			
	accident ..../......../........ enregistrement ..../......../........			
	accident ..../......../........ enregistrement ..../......../........			
	accident ..../......../........ enregistrement ..../......../........			

NOMS des TÉMOINS	SIGNATURE du DONNEUR DE SOINS	SIGNATURE DE LA VICTIME	OBSERVATIONS	DATE de l'ARRÊT de TRAVAIL (le cas échéant)
				du ..../......../........ au ..../......../........
				du ..../......../........ au ..../......../........
				du ..../......../........ au ..../......../........
				du ..../......../........ au ..../......../........
				du ..../......../........ au ..../......../........
				du ..../......../........ au ..../......../........
				du ..../......../........ au ..../......../........
				du ..../......../........ au ..../......../........
				du ..../......../........ au ..../......../........

Numéro d'ORDRE	DATE ACCIDENT - ENREGISTREMENT	NOM et PRÉNOM de la VICTIME	Lieu de l'ACCIDENT (et circonstances détaillées)	NATURE et SIÈGES des LÉSIONS
	accident ……/……/…… enregistrement ……/……/……			
	accident ……/……/…… enregistrement ……/……/……			
	accident ……/……/…… enregistrement ……/……/……			
	accident ……/……/…… enregistrement ……/……/……			
	accident ……/……/…… enregistrement ……/……/……			
	accident ……/……/…… enregistrement ……/……/……			
	accident ……/……/…… enregistrement ……/……/……			
	accident ……/……/…… enregistrement ……/……/……			
	accident ……/……/…… enregistrement ……/……/……			

NOMS des TÉMOINS	SIGNATURE du DONNEUR DE SOINS	SIGNATURE DE LA VICTIME	OBSERVATIONS	DATE de l'ARRÊT de TRAVAIL (le cas échéant)
				du ..../........./......... au ..../........./.........
				du ..../........./......... au ..../........./.........
				du ..../........./......... au ..../........./.........
				du ..../........./......... au ..../........./.........
				du ..../........./......... au ..../........./.........
				du ..../........./......... au ..../........./.........
				du ..../........./......... au ..../........./.........
				du ..../........./......... au ..../........./.........
				du ..../........./......... au ..../........./.........
NOMS des TÉMOINS	SIGNATURE du DONNEUR DE SOINS	SIGNATURE DE LA VICTIME	OBSERVATIONS	DATE de l'ARRÊT de TRAVAIL (le cas échéant)

Numéro d'ORDRE	DATE ACCIDENT - ENREGISTREMENT	NOM et PRÉNOM de la VICTIME	Lieu de l'ACCIDENT (et circonstances détaillées)	NATURE et SIÈGES des LÉSIONS
	accident ..../......../........ enregistrement ..../......../........			
	accident ..../......../........ enregistrement ..../......../........			
	accident ..../......../........ enregistrement ..../......../........			
	accident ..../......../........ enregistrement ..../......../........			
	accident ..../......../........ enregistrement ..../......../........			
	accident ..../......../........ enregistrement ..../......../........			
	accident ..../......../........ enregistrement ..../......../........			
	accident ..../......../........ enregistrement ..../......../........			
	accident ..../......../........ enregistrement ..../......../........			

NOMS des TÉMOINS	SIGNATURE du DONNEUR DE SOINS	SIGNATURE DE LA VICTIME	OBSERVATIONS	DATE de l'ARRÊT de TRAVAIL (le cas échéant)
				du ..../........./........ au ..../........./........
				du ..../........./........ au ..../........./........
				du ..../........./........ au ..../........./........
				du ..../........./........ au ..../........./........
				du ..../........./........ au ..../........./........
				du ..../........./........ au ..../........./........
				du ..../........./........ au ..../........./........
				du ..../........./........ au ..../........./........
				du ..../........./........ au ..../........./........

Numéro d'ORDRE	DATE ACCIDENT - ENREGISTREMENT	NOM et PRÉNOM de la VICTIME	Lieu de l'ACCIDENT (et circonstances détaillées)	NATURE et SIÈGES des LÉSIONS
	accident ..../........./........ enregistrement ..../........./........			
	accident ..../........./........ enregistrement ..../........./........			
	accident ..../........./........ enregistrement ..../........./........			
	accident ..../........./........ enregistrement ..../........./........			
	accident ..../........./........ enregistrement ..../........./........			
	accident ..../........./........ enregistrement ..../........./........			
	accident ..../........./........ enregistrement ..../........./........			
	accident ..../........./........ enregistrement ..../........./........			
	accident ..../........./........ enregistrement ..../........./........			

NOMS des TÉMOINS	SIGNATURE du DONNEUR DE SOINS	SIGNATURE DE LA VICTIME	OBSERVATIONS	DATE de l'ARRÊT de TRAVAIL (le cas échéant)
				du ……../……../…….. au ……../……../……..
				du ……../……../…….. au ……../……../……..
				du ……../……../…….. au ……../……../……..
				du ……../……../…….. au ……../……../……..
				du ……../……../…….. au ……../……../……..
				du ……../……../…….. au ……../……../……..
				du ……../……../…….. au ……../……../……..
				du ……../……../…….. au ……../……../……..
				du ……../……../…….. au ……../……../……..

Numéro d'ORDRE	DATE ACCIDENT - ENREGISTREMENT	NOM et PRÉNOM de la VICTIME	Lieu de l'ACCIDENT (et circonstances détaillées)	NATURE et SIÈGES des LÉSIONS
	accident ……./……./……. enregistrement ……./……./…….			
	accident ……./……./……. enregistrement ……./……./…….			
	accident ……./……./……. enregistrement ……./……./…….			
	accident ……./……./……. enregistrement ……./……./…….			
	accident ……./……./……. enregistrement ……./……./…….			
	accident ……./……./……. enregistrement ……./……./…….			
	accident ……./……./……. enregistrement ……./……./…….			
	accident ……./……./……. enregistrement ……./……./…….			
	accident ……./……./……. enregistrement ……./……./…….			

NOMS des TÉMOINS	SIGNATURE du DONNEUR DE SOINS	SIGNATURE DE LA VICTIME	OBSERVATIONS	DATE de l'ARRÊT de TRAVAIL (le cas échéant)
				du ……./……./……. au ……./……./…….
				du ……./……./……. au ……./……./…….
				du ……./……./……. au ……./……./…….
				du ……./……./……. au ……./……./…….
				du ……./……./……. au ……./……./…….
				du ……./……./……. au ……./……./…….
				du ……./……./……. au ……./……./…….
				du ……./……./……. au ……./……./…….
				du ……./……./……. au ……./……./…….
NOMS des TÉMOINS	SIGNATURE du DONNEUR DE SOINS	SIGNATURE DE LA VICTIME	OBSERVATIONS	

Numéro d'ORDRE	DATE ACCIDENT - ENREGISTREMENT	NOM et PRÉNOM de la VICTIME	Lieu de l'ACCIDENT (et circonstances détaillées)	NATURE et SIÈGES des LÉSIONS
	accident ..../......../........ enregistrement ..../......../........			
	accident ..../......../........ enregistrement ..../......../........			
	accident ..../......../........ enregistrement ..../......../........			
	accident ..../......../........ enregistrement ..../......../........			
	accident ..../......../........ enregistrement ..../......../........			
	accident ..../......../........ enregistrement ..../......../........			
	accident ..../......../........ enregistrement ..../......../........			
	accident ..../......../........ enregistrement ..../......../........			
	accident ..../......../........ enregistrement ..../......../........			

NOMS des TÉMOINS	SIGNATURE du DONNEUR DE SOINS	SIGNATURE DE LA VICTIME	OBSERVATIONS	DATE de l'ARRÊT de TRAVAIL (le cas échéant)
				du ..../......../........ au ..../......../........
				du ..../......../........ au ..../......../........
				du ..../......../........ au ..../......../........
				du ..../......../........ au ..../......../........
				du ..../......../........ au ..../......../........
				du ..../......../........ au ..../......../........
				du ..../......../........ au ..../......../........
				du ..../......../........ au ..../......../........
				du ..../......../........ au ..../......../........

Numéro d'ORDRE	DATE ACCIDENT - ENREGISTREMENT	NOM et PRÉNOM de la VICTIME	Lieu de l'ACCIDENT (et circonstances détaillées)	NATURE et SIÈGES des LÉSIONS
	accident ..../........./......... enregistrement ..../........./.........			
	accident ..../........./......... enregistrement ..../........./.........			
	accident ..../........./......... enregistrement ..../........./.........			
	accident ..../........./......... enregistrement ..../........./.........			
	accident ..../........./......... enregistrement ..../........./.........			
	accident ..../........./......... enregistrement ..../........./.........			
	accident ..../........./......... enregistrement ..../........./.........			
	accident ..../........./......... enregistrement ..../........./.........			
	accident ..../........./......... enregistrement ..../........./.........			

NOMS des TÉMOINS	SIGNATURE du DONNEUR DE SOINS	SIGNATURE DE LA VICTIME	OBSERVATIONS	DATE de l'ARRÊT de TRAVAIL (le cas échéant)
				du ..../......./........ au ..../......./........
				du ..../......./........ au ..../......./........
				du ..../......./........ au ..../......./........
				du ..../......./........ au ..../......./........
				du ..../......./........ au ..../......./........
				du ..../......./........ au ..../......./........
				du ..../......./........ au ..../......./........
				du ..../......./........ au ..../......./........
				du ..../......./........ au ..../......./........

Numéro d'ORDRE	DATE ACCIDENT - ENREGISTREMENT	NOM et PRÉNOM de la VICTIME	Lieu de l'ACCIDENT (et circonstances détaillées)	NATURE et SIÈGES des LÉSIONS
	accident ..../......../........ enregistrement ..../......../........			
	accident ..../......../........ enregistrement ..../......../........			
	accident ..../......../........ enregistrement ..../......../........			
	accident ..../......../........ enregistrement ..../......../........			
	accident ..../......../........ enregistrement ..../......../........			
	accident ..../......../........ enregistrement ..../......../........			
	accident ..../......../........ enregistrement ..../......../........			
	accident ..../......../........ enregistrement ..../......../........			
	accident ..../......../........ enregistrement ..../......../........			

NOMS des TÉMOINS	SIGNATURE du DONNEUR DE SOINS	SIGNATURE DE LA VICTIME	OBSERVATIONS	DATE de l'ARRÊT de TRAVAIL (le cas échéant)
				du ..../......./....... au ..../......./.......
				du ..../......./....... au ..../......./.......
				du ..../......./....... au ..../......./.......
				du ..../......./....... au ..../......./.......
				du ..../......./....... au ..../......./.......
				du ..../......./....... au ..../......./.......
				du ..../......./....... au ..../......./.......
				du ..../......./....... au ..../......./.......
				du ..../......./....... au ..../......./.......

Numéro d'ORDRE	DATE ACCIDENT - ENREGISTREMENT	NOM et PRÉNOM de la VICTIME	Lieu de l'ACCIDENT (et circonstances détaillées)	NATURE et SIÈGES des LÉSIONS
	accident ..../......../........ enregistrement ..../......../........			
	accident ..../......../........ enregistrement ..../......../........			
	accident ..../......../........ enregistrement ..../......../........			
	accident ..../......../........ enregistrement ..../......../........			
	accident ..../......../........ enregistrement ..../......../........			
	accident ..../......../........ enregistrement ..../......../........			
	accident ..../......../........ enregistrement ..../......../........			
	accident ..../......../........ enregistrement ..../......../........			
	accident ..../......../........ enregistrement ..../......../........			

NOMS des TÉMOINS	SIGNATURE du DONNEUR DE SOINS	SIGNATURE DE LA VICTIME	OBSERVATIONS	DATE de l'ARRÊT de TRAVAIL (le cas échéant)
				du ..../......../........ au ..../......../........
				du ..../......../........ au ..../......../........
				du ..../......../........ au ..../......../........
				du ..../......../........ au ..../......../........
				du ..../......../........ au ..../......../........
				du ..../......../........ au ..../......../........
				du ..../......../........ au ..../......../........
				du ..../......../........ au ..../......../........
				du ..../......../........ au ..../......../........

www.ingramcontent.com/pod-product-compliance
Lightning Source LLC
Chambersburg PA
CBHW080606220526
45466CB00010B/3272